Prix : 60 centimes

CHANSONS DE PAUL AVENEL

1. L' pied qui r'mue.
2. Buvons sec !
3. La Belle Polonaise.
4. Les Légumes de Jacques.
5. Le Bonheur.
6. Job le Montagnard.
7. Paris-Champagne.
8. L' Nez creux.
9. A la France !
10. Pingot la Gobinette.

Illustrations par CARLO GRIPP
— 1869 —

En vente : 10, rue du Faubourg-Poissonnière
Et chez tous les Libraires

CHANSONS

DE

PAUL AVENEL

ILLUSTRÉES

PAR CARLO GRIPP

PARIS
IMPRIMERIE DE DUBUISSON ET Cie
5, RUE COQ-HÉRON, 5

L' PIED QUI R'MUE

RENGAINE NORMANDE

Chantée par Joseph Kelm. Musique de Paul Avenel.

J'ai un pied qui r'mue
Et l'autre qui ne va guère,

J'ai un pied qui r'mue
Et l'autre qui ne va plus.

Ah! dites-met qui vous a donnet   (*Bis*)
Ce biau bouquet que vous avet?   (*Bis*)
   « Mossieu, c'est m'n'amant,
» Quand je le vois j'ai le cœur ben aise,
   » Mossieu, c'est m'n'amant,
» Quand je le vois j'ai le cœur content. »

    J'ai un pied qui r'mue, etc.

Ah! dites-met qui vous a donnet   (*Bis*)
Ce biau fichu que vous avet?   (*Bis*)
   « Mossieu, c'est m'n'amant,
» Quand je le vois j'ai le cœur ben aise,
   » Mossieu, c'est m'n'amant,
» Quand je le vois j'ai le cœur content. »

    J'ai un pied qui r'mue, etc.

Ah! dites-met qui vous a donnet   (*Bis*)
Ce r'gard fripon que vous avet?   (*Bis*)
   « Mossieu, c'est m'n'amant,
» Quand je le vois j'ai le cœur ben aise,
   » Mossieu, c'est m'n'amant,
» Quand je le vois j'ai le cœur content. »

    J'ai un pied qui r'mue, etc.

Ah! dites-met qui vous a donnet (*Bis*)
Ce teint si frais et si rouget? (*Bis*)
  « Mossieu, c'est m'n'amant,
» Quand je le vois j'ai le cœur ben aise,
  » Mossieu, c'est m'n'amant,
» Quand je le vois j'ai le cœur content. »

  J'ai un pied qui r'mue, etc.

Ah! dites-met qui vous a donnet (*Bis*)
Ce gros baiser près de la haie? (*Bis*)
  « Mossieu, c'est m'n'amant,
» Quand je le vois j'ai le cœur ben aise,
  » Mossieu, c'est m'n'amant,
» Quand je le vois j'ai le cœur content. »

  J'ai un pied qui r'mue, etc.

Ah! dites-met si je vous faisais (*Bis*)
Tous les présents qu'on vous a faits? (*Bis*)
  « Mossieu, gnia qu'm'n'amant.
» Qui peut m'donner quéq'chos' qui m'plaise,
  » Mossieu, gnia qu'm'n'amant,
» Qui peut faire mon content'ment. »

  J'ai un pied qui r'mue, etc.

Mais si pourtant je vous donnet (*Bis*)
Ma pip', mon cœur, mon flageoulet? (*Bis*)

« Mossieu, gnia qu'm'n'amant,
» Qui peut m'donner quéq'chos' qui m'plaise,
» Mossieu, gnia qu'm'n'amant,
» Qui peut m'donner ben d'l'agrément. »

J'ai un pied qui r'mue, etc.

« Vot' pip', vot' cœur, vot' flageoulet, (*Bis*)
» Je refus' tout, vous êt's trop laid. (*Bis*)
» Car il gnia qu' m'n'amant,
» Qui peut m'donner quéq'chos'qui m'plaise,
» Mossieu, gnia qu'm'n'amant,
» Qui peut m'donner ben d'l'agrément. »

J'ai un pied qui r'mue
Et l'autre qui ne va guère,
J'ai un pied qui r'mue
Et l'autre qui ne va plus.

———

La musique se trouve chez Lebailly, rue de l'Abbaye, 2.

BUVONS SEC !

FLONFLON GAULOIS

CHANTÉ PAR M. PAULY

Musique de Paul Henrion

Buvons sec, quand le vin est bon !
Du raisin naquit la chanson.

Les glougloux, les joyeux flonflons
Sont toujours de gais compagnons. } (*Bis*)
    Buvons,
    Buvons !
  Tin, tin, tin, tin,
 Tique, tique, tique, tin,
   Vive le bon vin !
Tin, tin, tin, tin, tin, tin, tin, tin,
 Tique, tique, tique, tin,
   Vive le bon vin !   (*Bis*)

Du bon vin, amis, soyons dignes,
Dans tous les temps on l'a loué,
Et vous savez que dans les vignes
Vingt fois on ramassa Noé.   (*Bis*)

Buvons sec, quand le vin est bon ! etc.

Bacchus et le père Silène
Étaient bien plus sages que fous,
Quand près d'une futaille pleine
Ils s'enivraient à petits coups.   (*Bis*)

Buvons sec, quand le vin est bon ! etc.

C'est l'ivresse qui, sous la treille,
Nous ragaillardit la santé,

Car la gaîté sans la bouteille
Est une fort triste gaîté.   (*Bis*)

Buvons sec, quand le vin est bon ! etc.

Lorsque notre raison se trouble,
Et que nous ouvrons de grands yeux,
Notre verre nous semble double,
Nous sommes doublement heureux. (*Bis*)

Buvons sec, quand le vin est bon ! etc.

Si Galilée avait pu faire
Boire à ses juges du bon vin,
Ils auraient vu tourner la terre,
Et l'eussent absous, c'est certain !   (*Bis*)

Buvons sec, quand le vin est bon ! etc.

On nous dit que Vénus la blonde
Sortit jadis du fond de l'eau,
Moi, je crois qu'elle vint au monde
Au fond d'un fût de vin nouveau.   (*Bis*)

Buvons sec, quand le vin est bon ! etc.

On peut bien pardonner à l'homme
D'adorer le jus du raisin,

Car, avant de croquer la pomme
Ève avait dû boire du vin !   (Bis)

Buvons sec, quand le vin est bon ! etc.

Peut-être un jour je serai père,
Ce sera la faute du vin.
Rosette aime à choquer son verre
Contre le mien quand il est plein.   (Bis)

Buvons sec, quand le vin est bon !
Du raisin naquit la chanson.
Les glougloux, les joyeux flonflons ⎫
Sont toujours de gais compagnons. ⎭ (Bis)

      Buvons,
      Buvons !
   Tin, tin, tin, tin,
  Tique, tique, tique, tin,
Tin, tin, tin, tin, tin, tin, tin, tin,
  Tique, tique, tique, tin,
    Vive le bon vin !   (Bis)

La musique se trouve chez Lebailly, éditeur, rue de l'Abbaye, 2.

LA BELLE POLONAISE

CHANTÉE PAR JOSEPH KELM

Musique de J. Marc Chautagne

J'suis née à Cracovie,
De parents inconnus,
Les détails de ma vie,
N'vous sont point parvenus.

A l'exemple de Joconde,
J'ai très-longtemps parcouru
Les quatre parti's du monde
A cheval sur la vertu.

Parlé. — Pourquoi?
Parce que....
Je suis Polonaise, oui-dà!
Je me nomme Lodoïska
Je me nomme Lodo, Loïs, Loka, Lodoïska.
Je suis Polonaise, oui-dà!
Je me nomme Lodo, Loïs, Loka, Lodoïska.

Je faisais d'la voltige
A la Taglioni,
Au grand cirqu'que dirige
Mossieu de Franconi.
Là, ma taille avantageuse
Séduisit un beau pompier,
Mais je suis si vertueuse
Qu'j'aimai mieux un vieux banquier.

Je suis Polonaise, oui-dà! etc.

Devant le Shah de Perse
J'ai dansé la polka,
L'empire que j'exerce
Sur lui s'manifesta.
Voulant me prendre pour chatte,
Le scélérat d'Shah m'loucha,

Et me présenta sa patte :
Mais flut'! pour sa patt' de Shah !
Je suis Polonaise, oui-dà ! etc.

> J'ai prom'né mon physique
> Aux Etats désunis (1),
> Et j'ai vu l'Amérique
> Se réduire en hachis.
Devant cet état de chose,
J'ai dit : assez de c'micmac,
Z'ut ! tu n'auras pas ma rose
Bord fleuri du Potomac.
Je suis Polonaise, oui-dà ! etc.

> Aux Arabes d'Afrique,
> Au milieu des déserts,
> De ma voix sympathique
> J'leur-z-ai chanté des airs.
Et je reviens fière et riche
De c'pays carbonisé,
Légère comme une biche :
Les chameaux l'ont bien passé !

Parlé. — Pourquoi ?
Parce que...
Je suis Polonaise, oui-dà ! etc.

La musique se trouve chez Lebailly, éditeur, rue de l'Abbaye, 2.

(1) Cette chanson parut pendant la guerre du Sud contre le Nord des Etats-Unis.

LES LÉGUMES DE JACQUES

CHANTÉS PAR MADAME BLANGY

Musique de M. Le Neva

Je courtisons la belle Jeanne,
C'est un brin d'fille appétissant,

Pour ses appas chacun se damne
Moi, je n'suis pas si paysan.
Je l'aurai ben coûte que coûte,
J'suis enjoleux, faut qu'all'm'écoute :
    Vive le vin !
  Vive le vin, vive l'amour ;
    Voilà le jour.

Dans l'temps son père était bon drille,
Sa mère aimait les amoureux :
Jeann' tient beaucoup de sa famille,
Ça se lit ben dans ses grands yeux.
Elle a surtout un bon gros rire,
Il en dit plus qu'il n'en veut dire :
    Vive le vin !
  Vive le vin, vive l'amour ;
    Voilà le jour.

Le mois dernier, je vis la belle :
Dans mon jardin je l'emmenai.
Que m'voulez-vous, Jacques ? dit-elle.
Venez, venez, je vous l'dirai :
J'allons cueillir de la salade,
Des artichauts à la poivrade :
    Vive le vin !
  Vive le vin, vive l'amour ;
    Voilà le jour.

— Les artichauts, ça m'est contraire,
J'aimerais mieux un bon garçon.

— Un bon garçon? j'suis votre affaire,
Car pour aimer, j'avons du bon.
A tous les deux nous f'rons la paire...
Verse du vin tout plein mon verre :
    Vive le vin !
   Vive le vin, vive l'amour ;
    Voilà le jour.

La Jeanne alors m'fit une œillade,
Et me dit : vos légum's sont beaux,
Je sens qu'en cueillant vot' salade,
Je prends goût à vos artichauts.
Le même soir, heureuse et fière,
Elle avait bu dans mon grand verre :
    Vive le vin !
   Vive le vin, vive l'amour ;
    Voilà le jour.

Ah ! si l'amour poussait en terre,
Dans mon jardin j'en planterais,
A tous les gens qui voudraient plaire,
Sans hésiter j'en donnerais ;
Mais sans cultur', cett' plant' divine,
C'est dans le cœur qu'all' prend racine :
    Vive le vin !
   Vive le vin, vive l'amour ;
    Voilà le jour.

La musique se trouve chez Lebailly, éditeur, rue de l'Abbaye, 2.

LE BONHEUR

CHANSON DE NOCE

Air : *Brigadier, répondit Pandore* (Nadaud).

Imitons à table nos pères,
Par la gaité soyons unis ;
Un bon convive entre deux verres
N'est-il pas entre deux amis ?

Du vin vieux la douce influence
Se fait sentir chez le buveur...
Car s'il vous disait ce qu'il pense, ⎫ (*Bis*)
Vous sauriez qu'il pense au bonheur. ⎭

Dans un repas de mariage
L'amour est à l'ordre du jour,
Plaisir et fête, tout engage
L'amoureux à faire sa cour ;
Mais hélas ! respect et prudence
Arrêtent l'élan de son cœur...
Car s'il vous disait ce qu'il pense, ⎫ (*Bis*)
Vous sauriez qu'il pense au bonheur. ⎭

Le marin pensant à sa belle
Méprise le flot irrité,
Mais ses yeux suivent l'hirondelle
Qui vole avec rapidité.
« Si tu vas, lui dit-il, en France,
» Emporte un soupir de mon cœur... »
Car s'il vous disait ce qu'il pense, ⎫ (*Bis*)
Vous sauriez qu'il pense au bonheur. ⎭

Quand le berger va dans la plaine
Avec son chien et son troupeau,
Le pâturage est son domaine,
Il se croit le roi du hameau ;
Mais s'il voit Fanchon qui s'avance,
Il cueille et lui donne une fleur...

Car s'il vous disait ce qu'il pense,   ⎫ (*Bis*)
Vous sauriez qu'il pense au bonheur.   ⎭

Maintenant, remplissons nos verres.
Trinquons à nos jeunes époux,
Souhaitons-leur des jours prospères,
De leur ivresse enivrons-nous !
Le mari meurt d'impatience...
Accusant minuit de lenteur...
Car s'il vous disait ce qu'il pense,   ⎫ (*Bis*)
Vous sauriez qu'il pense au bonheur.   ⎭

La mariée, ô joie extrême !
Ses doux yeux nous donnent l'espoir
Que dans neuf mois, pour un baptême,
Nous pourrons, ici, nous revoir.
D'un bébé l'heureuse naissance
Au mari fera grand honneur...
Car s'il vous disait ce qu'il pense,   ⎫ (*Bis*)
Vous sauriez qu'il pense au bonheur.   ⎭

JOB LE MONTAGNARD

Musique de M. Th. de Lajarte

Entendez-vous vibrer la cloche funéraire?
A genoux, compagnons, c'est Job qu'on porte en terre.

Vous l'avez tous connu, cet enfant de nos monts,
Dont le pied assuré foulait les hautes cîmes;
Nos grands gouffres pour lui n'étaient pas trop profonds;
Son œil ne tremblait pas au-dessus des abîmes :
C'était le bien-aimé des fertiles vallons.

Entendez-vous vibrer la cloche funéraire ?
A genoux, compagnons, c'est Job qu'on porte en terre.

Hier, il gravissait lentement le chemin
Qui, creusé dans le roc, mène aux montagnes blanches;
Il suspendit son chant pour me serrer la main,
Et puis il disparut tout joyeux sous les branches
De nos vieux sapins noirs, en disant : à demain !

Entendez-vous vibrer la cloche funéraire ?
A genoux, compagnons, c'est Job qu'on porte en terre.

Demain, ô pauvre Job ! Demain, c'est aujourd'hui !
Brisés par nos sanglots, nous entourons ta bière ;
L'écho de ta chanson dans la montagne a fui,
Pour s'en aller à Dieu comme va la prière,
Quand du fond d'un bon cœur elle s'adresse à lui.

Entendez-vous vibrer la cloche funéraire ?
A genoux, compagnons, c'est Job qu'on porte en terre.

Tes pas n'effraîront plus le timide chamois,
La montagne oubliera ta marche cadencée

A travers les rochers, les bruyères, les bois ;
Et quand viendra la nuit, Ketty, ta fiancée,
Sur ta tombe, éplorée, embrassera ta croix.

Entendez-vous vibrer la cloche funéraire ?
A genoux, compagnons, c'est Job qu'on porte en terre.

Vers toi s'était tourné le regard du malheur,
Lorsque pour t'emporter s'élança l'avalanche,
Tu devais mourir là, dans ta force et ta fleur.
En vain ta vieille mère et t'appelle et se penche
Sur ton corps. Elle est folle ; elle est frappée au cœur !

Entendez-vous vibrer la cloche funéraire ?
A genoux, compagnons, c'est Job qu'on porte en terre.

La douleur a tari les larmes de ses yeux,
Ton nom s'est arrêté sur sa lèvre tremblante,
Et c'est par la pensée, en regardant les cieux,
Qu'elle monte vers toi, dans sa raison absente,
Espérant te revoir au séjour des heureux.

Entendez-vous vibrer la cloche funéraire ?
A genoux, compagnons, c'est Job qu'on porte en terre.

PARIS-CHAMPAGNE

CHANSON DE TABLE

Musique de J. Marc Chautagne

Le bon vin de Champagne brille
Comme de l'or, dans le cristal:

Il mousse, frémit et pétille ;
Il a le reflet d'un métal ;
Sa couleur réjouit la vue,
Son piquant réveille le cœur,
Son ivresse douce, imprévue,
Sous son charme tient le buveur.   (*Bis*)

    Paris-Champagne
    Est un vin divin,
    Pif ! Paf ! Tin, tin !
    Vive Paris-Champagne !

Paris-Champagne est un despote
Qui gouverne bien ses Etats ;
Rire et chanter est sa marotte,
On ne rit chez lui qu'aux éclats !
Il distribue avec largesse
L'illusion et la gaîté,
La folie est pour lui sagesse,
Et le plaisir l'égalité.   (*Bis*)

    Paris-Champagne,
    Est un vin divin,
    Pif ! Paf ! Tin, tin !
    Vive Paris-Champagne !

Parmi les femmes et les roses
On le voit à la Maison-d'Or

Bénir des amours vite écloses
Entre Cocodette et Mondor.
Il donne beaucoup d'éloquence
Au gros banquier qui n'en a pas,
Et du riche étranger, en France,
Fait sauter roubles et ducats.   (*Bis*)

    Paris-Champagne
      Est un vin divin,
      Pif! Paf! Tin, tin!
    Vive Paris-Champagne!

Au fond d'un verre de champagne,
Finette a trouvé l'autre jour,
Mobilier, maison de campagne
En échange de son amour.
Le luxe en sortant de son verre
Lui dit : Je suis à toi demain!
Le vin qui chasse la misère
Est un ami du cœur humain.   (*Bis*)

    Paris-Champagne
      Est un vin divin
      Pif! Paf! Tin, tin!
    Vive Paris-Champagne!

La musique se trouve chez Henri Marx, éditeur,
Faubourg Montmartre, 8.

L' NEZ CREUX

Chanté par M. Arnaud. Musique de Kriesel.

Zim! boum! v'lan!
Pan! pan!
Ah! ah! ah!
V'là qu'est bon!

Ah ! ah ! ah !
V'là qu'est drôle !
J'suis luron
Dans mon rôle !
J'suis heureux,
J'ai l'nez creux !

J'suis éduqué comme un notaire,
J'en r'montrerais au plus malin ;
Du vin ça n'est pas de la bière,
Et du papier du parchemin.

Zim ! boum ! v'lan ! etc.

Foi d'Jean Fiquet, quand j'suis malade,
C'est qu'je ne me porte pas bien ;
Pour dîner, l'bœuf et la salade
Quand on a faim val'nt mieux que rien.

Zim ! boum ! v'lan ! etc.

Un homm' d'esprit n'est pas un' bête.
Et je m'le dis avec raison ;
Mais près d'un' bell' je perds la tête,
Je reste coi comme un dindon.

Zim ! boum ! v'lan ! etc.

J'veux toujours avoir les mains blanches
Pour faire ma cour à Toinon,
Aussi j'les lav' tous les dimanches
Avec un gros morceau d'savon.

      Zim! boum! v'lan! etc.

La nuit, quand je me parle d'elle,
Je m'dis tout bas : Elle a du bon!
Ah! qué malheur, qu'ell' soit d'moiselle,
Ça f'rait si ben un biau garçon!

      Zim! boum! v'lan! etc.

Ses grands yeux ronds me vont-z-à l'âme,
Oui, mais la tête est loin des pieds,
Car j's'rai s'n époux, all' s'ra ma femme
Que lorsque nous s'rons mariés.

      Zim! boum! v'lan! etc.

Si j'ai beaucoup d'science infuse,
Toinon possèd' bien des appas;
Mais si l'papa me la refuse,
Je crois ben que je n'l'aurai pas.

      Zim! boum! v'lan! etc.

Alors, Toinon, je n's'rai plus l'vôtre,
Vous regrett'rez mes agréments.
Car si c'n'est moi, ce s'ra-t-un autre
Qui s'ra le pèr' de vos enfants.

   Zim ! boum ! v'lan !
    Pan ! pan !
    Ah ! ah ! ah !
   V'là qu'est bon !
    Ah ! ah ! ah !
   V'là qu'est drôle !
    J'suis luron
   Dans mon rôle !
    J'suis heureux
    J'ai l'nez creux !

La musique se trouve chez Henri Marx, éditeur,
    Faubourg Montmartre, 8

A LA FRANCE !

CANTATE

Musique de M. Ben-Tayoux

La Pologne nous appelle,
Marchons au cri qu'elle a jeté,

Vaincre en combattant pour elle.
C'est vaincre pour la liberté !

La vieille Pologne opprimée,
Dans un fier et suprême élan,
Soudain s'est changée en armée
Pour combattre en face un tyran ;
Elle a brisé ses lourdes chaînes,
Laissant déborder de son cœur
Tous les affronts, toutes les haines
Qu'y jeta son martyriseur.

   La Pologne nous appelle, etc.

France, tu connais son courage,
En noble sœur, tends-lui la main,
Du cosaque arrête la rage
Car il sera trop tard demain.
Elle réclame par les armes
Sa place dans l'humanité ;
Il faut du sang et non des larmes
Pour conquérir sa liberté.

   La Pologne nous appelle, etc.

Tu sais qu'aux grands jours de bataille,
Aux champs de Leipsick et d'Eylau,
Elle se haussait à ta taille
Pour mieux défendre ton drapeau.

Ce glorieux passé l'enivre !
France, elle ne doit pas périr ;
Elle renaît, elle veut vivre :
La laisseras-tu donc mourir ?

    La Pologne nous appelle, etc.

Entends-tu le glas funéraire
Monter vers les cieux en pleurant,
C'est l'hécatombe sanguinaire
De ses fils morts en combattant.
France, ses droits sont légitimes,
Délivre-la des oppresseurs,
Sinon, du sang de ses victimes
Un jour, naîtront d'autres vengeurs.

    La Pologne nous appelle,
Marchons au cri qu'elle a jeté,
    Vaincre en combattant pour elle,
C'est vaincre pour la liberté !

15 Mars 1863.

PINGOT LA GOBINETTE

CHANTÉ PAR Mme BLANGY

Musique de M. Le Neva

———◆◆◆———

Un soir, en traversant le bois,
Bibelin, Bibelot,
Pin, pin, Bibelot;
Pingologot,

Pingot, pingot la Gobinette !
  Je rencontrons l'fils à François
Pin, Bibelot, pingot la Gobinois.

Quel biau garçon l'fils à François
    Bibelin, Bibelot,
      Pin, pin, Bibelot ;
        Pingologot,
  Pingot, pingot la Gobinette !
Mais c'est un coq bêt' comme un' oie,
Pin, Bibelot, pingot la Gobinois.

On dirait d'loin un vrai putois,
    Bibelin, Bibelot,
      Pin, pin, Bibelot.
        Pingologot,
  Pingot, pingot la Gobinette !
Tout seul il a d'la barb'comm'trois,
Pin, Bibelot, pingot la Gobinois.

Il m'dit : tes yeux me rend'nt tout coi,
    Bibelin, Bibelot,
      Pin, pin, Bibelot ;
        Pingalogot,
  Pingot, pingot la Gobinette !
Pour toi j'irais au fond des bois,
Pin, Bibelot, pingot la Gobinois.

Il prit ma taille entre ses doigts,
    Bibelin, Bibelot,
    Pin, pin, Bibelot;
      Pingologot,
Pingot, pingot la Gobinette!
A bas les patt's mon p'tit François,
Pin, Bibelot, pingot la Gobinois.

C'est biau d'aimer, j'savons pourquoi,
    Bibelin, Bibelot,
    Pin, pin, Bibelot;
      Pingologot,
Pingot, pingot la Gobinette!
Qui me l'a dit? c'est mon p'tit doigt.
Pin, Bibelot, pingot la Gobinois.

Près de la mar' comme autrefois,
    Bibelin, Bibelot,
    Pin, pin, Bibelot;
      Pingologot,
Pingot, pingot la Gobinette!
Nous nous assîm's au même endroit,
Pin, Bibelot, pingot la Gobinois.

Il voulut là me cajolait,
    Bibelin, Bibelot,
    Pin, pin, Bibelot;
      Pingologot,

Pingot, pingot la Gobinette !
Dans l'eau je l'fis dégringolait,
Pin, Bibelot, pingot la Gobinois.

Cett'chanson servira d'leçon,
    Bibelin, Bibelot,
    Pin, pin, Bibelot.
      Pingologot,
Pingot, pingot la Gobinette !
Aux gens qu'ont du poil au menton,
Pin, Bibelot, pingot la Gobinois.

La musique se trouve chez Lebailly, éditeur, rue de l'Abbaye, 2.

Paris — Imp. Dubuisson et Cⁱᵉ, 5, rue Coq-Héron.

www.ingramcontent.com/pod-product-compliance
Lightning Source LLC
Chambersburg PA
CBHW060702050426
42451CB00010B/1238